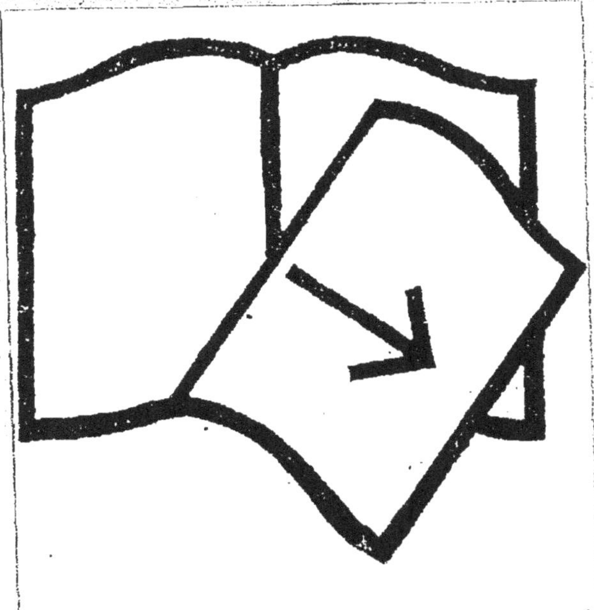

Couverture inférieure manquante

Notice Chronologico-Historique

SUR LES

ARCHEVÊQUES D'EMBRUN

Par l'Abbé L. FILLET

Chanoine honoraire de Valence,
Curé-Archiprêtre de Grignan,
Correspondant du Ministère de l'Instruction publique
pour les Travaux Historiques et Scientifiques.

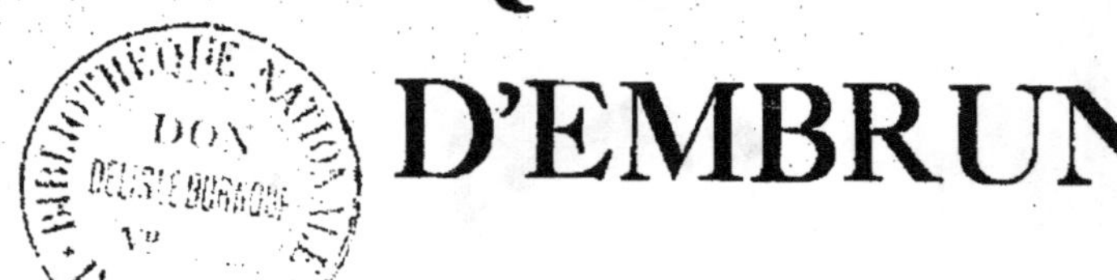

(Extrait des *Annales Dauphinoises*)

GRENOBLE
LIBRAIRIE DAUPHINOISE
H. FALQUE et FÉLIX PERRIN
Editeurs

—

1901

NOTICE CHRONOLOGICO-HISTORIQUE

SUR LES

ARCHEVÊQUES D'EMBRUN

Notice Chronologico-Historique

SUR LES

ARCHEVÊQUES D'EMBRUN

Par l'Abbé L. FILLET

Chanoine honoraire de Valence,
Curé-Archiprêtre de Grignan,
Correspondant du Ministère de l'Instruction publique
pour les Travaux Historiques et Scientifiques.

(Extrait des *Annales Dauphinoises*)

GRENOBLE
LIBRAIRIE DAUPHINOISE
H. Falque et Félix Perrin
Editeurs

—

1901

DE CETTE NOTICE IL A ÉTÉ TIRÉ

300 exemplaires numérotés

N° 

Façade de la Cathédrale d'Embrun.

Notice Chronologico-Historique

ARCHEVÊQUES D'EMBRUN

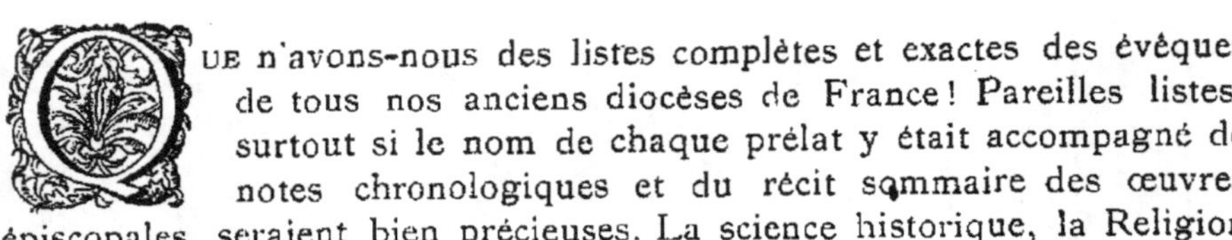

Que n'avons-nous des listes complètes et exactes des évêques de tous nos anciens diocèses de France! Pareilles listes, surtout si le nom de chaque prélat y était accompagné de notes chronologiques et du récit sommaire des œuvres épiscopales, seraient bien précieuses. La science historique, la Religion elle-même y trouveraient un vrai profit.

Hélas! Il s'en faut de beaucoup que nous ayons ces listes dans l'état désiré. Bien des Eglises de France, il est vrai, avaient conservé d'anciens catalogues de leurs évêques, et ces documents étaient relativement sûrs et fondés en tradition; mais le plus souvent on n'y trouve autre chose que les noms et la suite des évêques. Ils sont généralement dans l'ordre de succession, mais sans notes chronologiques : c'est donc peu de chose. Cependant c'est quelque chose, et, d'autres documents aidant, on peut y introduire, dans une large mesure, l'élément chronologique et même le récit des faits historiques.

Des travaux de ce genre ont été faits, dans les trois derniers siècles surtout. C'est là l'objet de nos diverses *Gallia* ou *Frances chrétiennes*, publiées sans ou avec les documents à l'appui. C'est là notamment l'objet de l'*Histoire des archevêchés, évêchés et abbayes de France*, si magistralement faite pour nos diocèses du Midi, par le docte chanoine Albanès. On sait que l'œuvre de celui-ci, à sa mort, a été assumée par son ami, M. le chanoine Ulysse Chevalier, correspondant de l'Institut, qui, l'ayant complétée et annotée, la publie en ce moment dans les plus heureuses conditions scientifiques.

Nous avons nous-même profité des quelques loisirs que nous ont laissés nos devoirs de curé, pour rédiger, sur quelques diocèses dauphinois, des notices ou catalogues épiscopaux. Nous ne pouvons nous flatter d'avoir fait œuvre parfaite. Nous sommes, d'ailleurs, convaincu qu'œuvre de ce genre laissera toujours à désirer. Mais les imperfections, la crainte même des erreurs qui ont pu nous échapper, ne sauraient empêcher la publication de notre modeste œuvre historique. Aussi nous profiterons de l'aimable hospitalité des *Annales Dauphinoises* pour offrir au public ces notices, dont le principal mérite est le sincère amour de la vérité qui a présidé à leur rédaction. Nous commencerons par celle qui est consacrée à l'archevêché d'Embrun, et pour laquelle nous avons puisé à une foule de sources générales et particulières. Nous n'indiquons ces sources que très rarement, pour ne pas prendre trop de place dans la Revue.

Embrun existait à l'époque gauloise; c'était alors une des villes principales de la confédération des Caturiges. Son nom est emprunté aux radicaux celtiques *avr*, *ebr* (eau) et *dun* (hauteur). On a trouvé, à Embrun, des deniers d'argent fabriqués pendant la durée de la ligue contre Arioviste, et portant la légende AMBILO EBVRO. Sauf cela, cette ville ne nous a conservé aucun monument de la civilisation celtique; mais ses environs ont fourni abondamment des sépultures de l'époque préhistorique; on a mis au jour un assez grand nombre de celles-ci aux Orres, aux Crottes, à Châteauroux et ailleurs. On n'y a retrouvé aucun instrument de pierre, ce qui est l'indice d'une colonisation relativement récente de la contrée; mais des anneaux, des fibules, des bracelets en bronze y représentent un âge bien antérieur à celui de l'occupation romaine.

Quand la cité des Embrunais (CIVITAS EBREDVNIENSIVM), dont nous parle une inscription, eut été soumise par César, notre ville devint une étape importante de la voie d'Italie en Gaule, par le mont Genèvre. Dès lors, elle fut connue des géographes. L'Itinéraire des Vases Apollinaires la nomme *Eburodunum*, comme feront plus tard l'Itinéraire d'Antonin et la Table de Peutinger; de leur côté, Strabon et Ptolémée l'appellent, celui-là, Επεβρόδουνον, celui-ci, Εβορόδουνον Κατύριγῶν.

Embrun reçut, en 63 de J.-C., le droit de latinité, et en 68, le titre de ville alliée; puis il devint, en 324, la métropole des Alpes-Maritimes et Cottiennes, et, en 395, la capitale de la Viennoise quatrième. Malgré cette situation politique avantageuse, Embrun ne nous a conservé d'autres témoignages de son occupation par les Romains, que quatre ou cinq inscriptions et quelques statuettes en bronze d'un travail remarquable, et indiquant le culte d'une divinité obscène. Toutefois, nous savons que cette ville florissait sous la protection romaine. Du reste, l'originalité de son site, la douceur relative de son climat, la fertilité de sa campagne, surtout la nécessité de son passage pour se rendre d'Italie en Gaule et en Espagne, nous expliquent aisément cette prospérité.

Hélas! à cette ère de bonheur et de progrès devait bientôt succéder une ère de revers et de désolation. En 433, les Vandales, accourus des bords de la Baltique pour envahir les Gaules, font le siège d'Embrun et ne s'en éloignent qu'après l'avoir jeté dans la plus profonde consternation. Après la domination romaine, éteinte en 476, vient celle des Bourguignons, troublée, vers 575, par l'invasion des Lombards, qui ravagent le Dauphiné et la Provence. Après les Lombards, ce sont les Saxons, leurs compagnons, qui apportent, en 577, la désolation dans nos contrées. Embrun, qu'ils traversent plusieurs fois, a beaucoup à souffrir de leurs déprédations, et, quelques mois après, une nouvelle invasion des Lombards, plus redoutable que la première, le jette de nouveau dans les plus terribles alarmes.

Cependant, à la destruction du royaume de Bourgogne en 534, Embrun avait passé sous la main des descendants de Clovis. Après ceux-ci, il échut à Charlemagne et à ses successeurs, et, en 843, le traité de Verdun l'adjugea à Lothaire. En 879, il fit partie du nouveau royaume de Bourgogne créé pour Boson. En 1032, il devint le partage de l'empereur Conrad et fut, sous la suzeraineté à peu près nominale des empereurs, possédé en fief par des comtes. En 1202, le mariage de la fille d'un de ceux-ci apportait Embrun en dot aux dauphins de Viennois, et, en 1232, cette ville était définitivement annexée au Dauphiné, dont elle allait désormais suivre les destinées.

Au point de vue religieux et ecclésiastique, Embrun avait été évangélisé d'abord par saint Nazaire et saint Celse, martyrisés à Milan vers l'an 56 de l'ère chrétienne, par conséquent sous l'empire de Néron. C'est du moins ce qu'affirment divers auteurs et ce que rapporte la tradition de l'Eglise d'Embrun, qui avait des reliques de nos saints martyrs; tandis que d'autres auteurs attribuent cette évangélisation à d'autres saints du même nom et d'époque différente, et que d'autres révoquent en doute l'existence d'apôtres de ce nom à Embrun. Quoi qu'il en soit, la fête de saint Nazaire et de saint Celse est célébrée, dans le diocèse actuel de Gap, le 28 juillet, et tous les historiens s'accordent à dire qu'Embrun, redevenu païen aux IIe et III[o] siècles, reçut de nouveau le bienfait de la foi par la prédication et les miracles de saint Marcellin, sacré évêque de cette ville vers 353.

On sait aussi qu'Embrun fut métropole ecclésiastique aussi bien que civile, et que son siège, depuis saint Marcellin, n'a jamais été subordonné à aucun autre qu'à celui de Rome. Ses évêques ont eu, avec le titre archiépiscopal, toutes les prérogatives et la juridiction qui en dépendaient. Plus tard, sa province ecclésiastique comprit les diocèses d'Embrun, de Digne, de Grasse, de Vence, de Glandève, de Senez et de Nice. Son diocèse ne comprenait, aux siècles derniers, que 98 paroisses. La Révolution française se réservait d'anéantir à la fois la province d'Embrun et son siège épiscopal lui-même. Nous indiquons plus loin la date précise et les principales circonstances de cet événement.

SAINT MARCELLIN. — Saint Marcellin naquit en Afrique, vers la fin du iiie siècle. Etant venu évangéliser les peuples des Alpes, il trouva Embrun entièrement païen et s'attacha à le rendre chrétien. Ses travaux furent bénis de·Dieu, et il fut sacré évêque de cette ville vers 353, dans Embrun même, par saint Eusèbe, évêque de Verceil, assisté par saint Emilien, évêque de Valence. Il opéra des miracles pendant sa vie et après sa mort. Celle-ci arriva le 13 avril; mais le corps du Saint ne fut enseveli que le 20 du même mois et vers l'année 370. Sa fête fut célébrée, à Embrun et dans divers diocèses, le jour de sa sépulture.

MARIEN. — Marien est donné (1), sans fondement bien sérieux, comme successeur de saint Marcellin, à Embrun, avant le suivant.

ARTÈME *(Artemius).* — Artème, élu évêque d'Embrun peu de temps après la mort de saint Marcellin, eut à y lutter contre l'arianisme. Il assista au concile de Valence en 374. On le donne comme ayant siégé jusqu'à l'an 400.

SAINT JACQUES Ier. — Saint Jacques Ier succéda à Artème. Tel est du moins l'avis des auteurs de la *Gallia Christiana* (2). Mais Mgr Depéry, qui relate tout ce qu'on a pu en savoir, et, après lui, M. Sauzet, placent son épiscopat au commencement du viii^o siècle, entre Ethère II et Valchin; tandis que Fornier et d'autres historiens le reportent au milieu du ixe siècle.

SAINT ALBIN. — Saint Albin siégeait en 400 selon Fornier, vers 410 selon M. Guillaume, en 433 selon Mgr Depéry et M. Sauzet, et même au viii^o siècle selon d'autres. Quoi qu'il en soit de la date, proclamé saint par son peuple bientôt après sa mort, il fut honoré d'un culte public. Au xie siècle, son chef fut cédé aux Bénédictins de Notre-Dame de Crasse, près de Carcassonne; mais jusqu'aux pillages des huguenots, Embrun a possédé un bras du saint évêque. Son office se trouve sous le rit double, au i^{er} mars, dans le missel d'Embrun imprimé en 1512, et dans le bréviaire de cette église imprimé en 1520.

REMI *(Remigius).* — Remi, à qui les auteurs de la *Gallia Christiana* donnent place ici, siégeait en 419, selon M. Guillaume. L'existence de ce prélat, comme ayant siégé à Embrun en 419, était inconnue des historiens

(1) Par Chaix, *Préoccupations du département des Hautes-Alpes*, p. 379.
(2) Tome III, 1055, D.

de cette ville, quand dom Piolin l'a signalée dans la dernière édition de la *Gallia* (1).

ARMENTAIRE. — Armentaire siégeait vers l'an 437. Mais élu contrairement aux canons par une faction et dans un âge où l'on n'est pas encore mûr pour l'épiscopat, il fut déféré au concile de Riez, tenu le 29 novembre 439. Ce concile décida qu'Armentaire ne pouvait être évêque d'Embrun, et le prélat déposé garda simplement le titre de chorévêque.

INGÉNU *(Ingenuus)*. — Ingénu siégea certainement depuis 441 jusqu'à 467, année où il assista à un concile tenu à Rome. Après 467, il disparaît des documents certains. Toutefois, quelques auteurs disent qu'il siégea jusqu'à sa mort, arrivée selon les uns vers 475, selon d'autres en 487.

CATULIN. — Catulin, élu en 507, fut contraint, par les trames des ariens de sa ville épiscopale, de sortir de celle-ci et de prendre le chemin de l'exil; il assista au concile d'Epaone en 517, et mourut à Vienne trois ou quatre ans après.

SAINT GALLICAN Iᵉʳ. — Saint Gallican Iᵉʳ fut élu à sa place et siégeait en 522. Il fut représenté, le 6 juin 524, au quatrième concile d'Arles, et assista lui-même, le 6 novembre 529, au deuxième de Vaison.

SAINT PÉLADE *(Peladius)*. — Saint Pélade, disciple de l'évêque Catulin et son compagnon d'exil, rentra à Embrun, sa ville natale, quelque temps après l'élection de Gallican Iᵉʳ, et fut élu lui-même pour remplacer ce dernier vers l'an 530. Il brilla par sa sainteté et par les miracles opérés tant avant qu'après sa mort, arrivée vers 539 et le 6 janvier. Aujourd'hui, on célèbre sa fête le 28 du même mois.

SAINT GALLICAN II. — Saint Gallican II avait succédé à saint Pélade avant le 21 juin de l'an 541, date du quatrième concile d'Orléans, auquel il assista. Il députa Probus, son archidiacre, au cinquième concile de la même ville, ouvert le 21 octobre 549. Enfin il assembla lui-même, peu après, dans sa métropole, un concile de tous les évêques de sa province, assure M. Depéry, dans la vie qu'il a donnée de notre Saint.

SALONIUS. — Salonius, monté en 554 sur le siège d'Embrun, par la protection du roi Gontran, a laissé, avec son frère Sagittaire, évêque de Gap, un triste et scandaleux souvenir. Doués d'un caractère par trop bouillant et guerrier, non seulement ces deux prélats prirent une part active à la défaite des Lombards qui, en 572, avaient franchi le mont Genèvre et ravagé leurs diocèses, mais ils firent parfois de leurs armes un usage encore moins légitime. Déposés de l'épiscopat dans un concile

---

(1) Edition de 1876, t. III, col. 1107, à la fin; t. XIII, col. 775.

tenu à Lyon en 567, à cause de leurs violences, ils recoururent au pape Jean III qui, trompé sans doute, les rétablit sur leurs sièges. Après cela, on les voit assister, en 573, au quatrième concile de Paris, assemblé par le roi Gontran. Déposés de nouveau dans un synode tenu à Chalon-sur-Saône, en 579, à cause de leurs mauvaises mœurs, ils furent condamnés à être renfermés dans l'abbaye de Saint-Marcel; mais ils s'évadèrent et terminèrent misérablement leur vie.

EMERIT. — Emerit fut élu en 583, quatre ans après le synode de Chalon, et siégea jusque vers 600. Il assista, le 23 octobre 585, au deuxième concile de Mâcon. Il en réunit, en 588, dans sa ville métropolitaine, un qui est « compté pour le premier d'Embrun », écrit M. Sauret, quoique Mgr Depéry ait dit que saint Gallican II y en avait assemblé un vers 550, comme nous l'avons remarqué plus haut.

SAINT PIERRE Iᵉʳ. — Saint Pierre Iᵉʳ, sur lequel Mgr Depéry, dans les pages où il nous en parle, avoue n'avoir trouvé aucuns détails, succéda à Emerit. Il aurait siégé depuis environ 600 jusque vers 610.

LOPACHAIRE *(Lopacharus)*. — Lopachaire tenait le siège d'Embrun en 614. Le 18 octobre de cette année, il assista au sixième concile de Paris, en compagnie de Volatoine, évêque de Gap, et il en souscrivit les actes.

SAINT ÆTHÈRE. — Saint Æthère, précédemment évêque d'*Antincia* ou Tarentaise, était devenu archevêque d'Embrun avant le 29 juillet 631 ou 632, jour où il souscrivit un diplôme daté de Paris. Il assista, le 25 octobre 644, au concile réuni à Chalon par l'ordre de Clovis II. Son nom se trouve au bas d'un diplôme du 1ᵉʳ juillet 652 qu'il eut à souscrire. Enfin, le 22 juin 653, le saint archevêque figure dans une réunion très imposante, qui eut lieu à Clichy, près de Paris, sur l'invitation du roi Clovis II. Dans le diplôme de confirmation des biens et privilèges de l'abbaye de Saint-Denis qui y fut donné par ce roi et souscrit par Beroalde, son référendaire, et par 22 évêques, la signature de notre prélat Embrunais est la seconde après celle du roi. Mgr Depéry a donné la vie du saint archevêque (1).

CHRAMLIN. — Chramlin, fils de feu Miécio, fut évêque intrus d'Embrun en 677-8, comme nous l'apprend un diplôme daté de septembre, cinquième année de Thierry III (673-691). Ce personnage, ayant osé monter sur le siège épiscopal d'Embrun contre le gré du roi et sans avoir reçu la bénédiction solennelle d'aucun évêque, fut déposé et condamné à l'exil, avec faculté pourtant de se retirer en l'abbaye de Saint-Denys, près de Paris.

---

(1) Après le nom de saint Æthère, nous supprimons celui d'un Æthère II qui a figuré jusqu'ici dans plusieurs listes. Nous croyons, avec M. Guillaume, qu'il n'a pas été évêque d'Embrun.

WALCHIN. — Walchin, fondateur de l'abbaye de la Novalaise en 726, était alors, ainsi qu'en 739 et probablement plus tard, archevêque d'Embrun, comme le montre victorieusement M. Paul Guillaume, contrairement à d'autres historiens.

GERLOVÈSE. — Gerlovèse siégeait vers 760, selon Fisquet.

SAINT ALPHONSE. — Saint Alphonse siégea vraisemblablement entre 760 et 771. Mgr Depéry lui a consacré une notice de six pages.

POSSESSEUR *(Possessor)*. — Possesseur avait le siège d'Embrun en 775 (ou mieux en février 776), à ce que croit Mabillon. Parlant de la seconde expédition de Charlemagne contre les Saxons, ce savant dit que, excité par Adrien Ier à réprimer cette peuplade, Charles envoya à ce pape des délégués pour l'informer qu'il porterait le secours demandé. Or, Mabillon ajoute : « Les délégués furent *Possesseur, évêque, comme je pense, d'Embrun*, et Rabigaud, religieux abbé. »

SAINT MARCEL. — Saint Marcel succéda à Possesseur vers l'an 791. Il assista, en 804, à la consécration de l'autel de Saint-Sauveur du monastère d'Aniane, de l'ordre de Saint-Benoît, présidée par le pape Léon III. Il en souscrivit l'acte en ces termes : *Marcellus Ebrodunensis*. Prélat cher à Charlemagne, il fut député par cet empereur à Nicéphore Ier, empereur d'Orient (802 à 811), et il réussit à le réconcilier avec Charlemagne. Il aurait siégé jusqu'à 810.

SAINT BERNARD Ier. — Saint Bernard Ier siégea de 811 à 826. En 811, Charlemagne, dans son testament, met Embrun parmi les métropoles qui auront part à ses générosités. Mgr Depéry, après avoir consacré quinze pages de son *Histoire hagiologique du diocèse de Gap* à saint Marcel, en consacre treize à saint Bernard, ou plutôt à ce qu'on sait du diocèse d'Embrun pour l'époque correspondante.

AGÉRIC. — Agéric fut, dit la *Gallia Christiana*, un des métropolitains qui assistèrent au concile de Lyon tenu par l'ordre de l'empereur Louis-le-Pieux, en 829, et Le Cointe veut qu'on le compte parmi les archevêques d'Embrun.

GERTUMAC. — Gertumac est indiqué sur quelques listes comme ayant siégé en 850 ; son existence n'est pas bien certaine.

ARBERT ou **ALBERT**. — Arbert ou Albert, en 853 et 859, signe des actes publics avec Agilmar, archevêque de Vienne.

BERMOND. — Bermond assista au grand concile national de Ponthyon convoqué par Charles-le-Chauve, en 876. Il y souscrivit en ces termes : *Bertmundus Ecclesiæ Ebredunensis archiepiscopus;* ce qui est le premier exemple connu des prélats d'Embrun prenant la qualification d'archevêque, quoique depuis des siècles tous en eussent eu les droits et attributions.

ARIPERT ou ARIBERT. — Aripert ou Aribert était archevêque dès 877. On a une lettre par laquelle le pape Jean VIII (872-882) reprend Aripert d'avoir, en qualité de métropolitain, consacré pour évêque de Vence, non le diacre Walden, élu pour ce siège par le clergé et le peuple, et confirmé par l'empereur Charles-le-Chauve, mais un autre, créé contre les canons. Il lui est prescrit de se rendre à Rome avec les deux contendants. Comme la lettre papale porte que cet empereur était mort depuis la confirmation, elle n'a pu être écrite qu'après le 6 octobre 877. On sait, d'autre part, que Vence avait pour évêques : en 877, Walden ; en mai 878, Wilfrid, auquel Jean VIII ordonna de se rendre à Rome, pour se purger de ce qu'on l'accusait d'avoir communiqué avec les excommuniés ; et, en 879, Elie. En 878, le 2 juin, Jean VIII convoqua, de Langres, un concile à Troyes, et il écrivit pour cela une lettre circulaire aux évêques de France, notamment aux *suffragants d'Aribert, archevêque d'Embrun.* Le concile s'ouvrit, sous la présidence du pape, le 8 août 878, et dura jusqu'en septembre ; mais notre Aribert n'y parut pas, comme le prouve l'absence de son nom parmi les souscriptions, et il n'allait pas paraître davantage au concile de Mantaille, tenu le 15 octobre 879.

GEROLD *(Geroldus).* — Gerold, inconnu jusqu'ici, est donné comme présent à Pavie, le 22 avril 883, à la confirmation faite, par Charles-le-Gros, à l'abbé du monastère de *Bobbio* de la juridiction comtale. Mais il faut remarquer que le document de 883 n'est pas admis comme authentique par quelques critiques modernes. D'autre part, on pourrait peut-être soutenir encore que *Geroldus* et *Ermoldus (Arnoldus* ou *Arnaldus),* qui suit) ne sont qu'un seul et même personnage, et que les différences de nom proviennent seulement d'une différence de prononciation ou d'une erreur de lecture. Quoi qu'il en soit, on peut établir ce qui suit.

ERMOLD ou ERMALD. — Ermold ou Ermald nous est connu par le concile de Nîmes, ou plutôt de Notre-Dame du Port, sur les confins des diocèses de Nîmes et de Maguelonne, lequel s'ouvrit le 17 novembre 887, et auquel assista cet archevêque d'Embrun. La *Gallia Christiana* et M. Paul Guillaume font de lui un seul et même personnage avec Arnaud *(Arnaldus),* archevêque d'Embrun, qui assista au concile tenu à Valence, en août 890, pour élire roi Louis, fils de Boson. Quant à cet Arnaud, il est certainement l'Arnold *(Arnoldus),* archevêque d'Embrun, qui assista, le 28 janvier 899, à la consécration de Rainfroy, élu archevêque de Vienne.

THÉODULPHE. — Théodulphe qui, dit Sauret, « aurait occupé le siège archiépiscopal de 900 à 912 », est connu pour avoir souscrit un acte de restitution à l'église de Valence, acte fait à Vienne en 912. Sa souscription est ainsi : *Theodulfus, sanctæ Ebredunensis ecclesiæ consecratus episcopus, firmavit.*

SAINT BENOIT. — Saint Benoît accueillit, en 916, l'évêque de Maurienne qui cherchait, à Embrun, un asile contre la fureur des Maures ; mais Embrun fut pris par ces barbares et les deux prélats égorgés. Mgr Depéry a consacré plusieurs pages à une notice sur saint Benoît, après lequel Embrun resta quelque temps sans évêque.

SAINT LIBÉRAL. — Saint Libéral, né à Brives, sur les bords de la Corrèze, fut enfin élu vers 927. Mais obligé de fuir devant les barbares, il reprit le chemin de sa patrie, emportant avec lui, pour le dérober à la profanation, le corps de saint Marcellin, premier évêque d'Embrun. Cunebert, prêtre de Brives, le cédait ensuite à un monastère de l'ordre de Saint-Benoît, fondé par lui à Chanteuge, diocèse du Puy, en 936. Saint Libéral mourut, cette année même, dans sa patrie, et son corps fut déposé dans l'église de Brives, où sa fête fut célébrée le 21 novembre.

BOSON. — Boson assista, en 943, à la consécration de l'abbaye de Saint-Maurice-d'Agaune, et, en 945, à une donation du comte Hugues à l'archevêque de Vienne (1).

PONCE (*Pontius*). — Ponce, dont « on met l'épiscopat de 960 à 993 », dit M. Sauret, souscrivit, en 992, le testament de Guillaume Ier, comte d'Arles.

AMÉDÉE (*Amedeus*). — Amédée, dont Chorier et le docteur Albert ne mentionnent pas l'épiscopat, paraît bien cependant avoir été réellement archevêque d'Embrun. Fornier assure qu'il « a esté l'un de nos arche- « vesques » ; mais pourquoi faut-il que, après l'avoir fait siéger en 970, il nous dise n'avoir fait ainsi qu'à cause de la place libre qu'il trouvait à cette époque? M. Guillaume place, au contraire, l'épiscopat vers 980. Mgr Depéry et M. Sauret affirment qu'Amédée fut fait archevêque d'Embrun en reconnaissance des services rendus au pays par son père, Bérald ou Bertold de Saxe, dans l'expulsion des Maures. Cette expulsion aurait suivi la captivité infligée par ces barbares à saint Maïeul et à ses compagnons, à Pont-d'Orcières, dans les Alpes, du 15 juillet environ au 10 août 972. L'élévation d'Amédée sur le siège d'Embrun aurait donc suivi elle-même d'un certain temps, non seulement le mois d'août 972, mais l'expulsion des Maures. Mais le respect de la vérité nous oblige à faire observer, à la suite de M. Guillaume, que le récit sur « Bérald de Saxe tient beaucoup plus du roman que de l'histoire ». D'autre part, Fornier dit à propos, non d'Amédée, mais de saint Ismide Ier, qui va suivre immédiatement, que Bérald de Saxe donna « occasion au clergé et au peuple Ambrunois

---

(1) La ville de *Coclia*, dont l'évêque Arpert fut guéri de la peste par saint Maïeul, quand ce saint abbé la traversa en passant par les *Alpes Pennines* pour se rendre à Rome, n'est ni Embrun, ni Suze, ni Corri, comme le soupçonne Fornier, mais Coire, en latin *Curia* probablement mal lu et transformé en *Coclia*. Or, Coire est une ville de Suisse, chef-lieu du canton des Grisons. Donc, Arpert ne peut pas figurer dans la liste des archevêques d'Embrun.

de se procurer, par une deue élection, un prélat qui chasse les vices des Sarrasins, comme il avoit, luy, banni la nation Sarrasine. »

SAINT ISMIDE *(Ismideas, Ismidias, Isimandus* et *Isimundus)* **I**er. — Saint Ismide Ier, que plusieurs donnent pour successeur à Amédée, est peut-être le même personnage que celui-ci. C'est là l'opinion de Fisquet et de Gams, et M. Paul Guillaume, si bien placé pour apprécier la chose, n'est pas loin de partager cette opinion. En attendant qu'un document nouveau vienne résoudre péremptoirement la question, constatons qu'un « vieil catalogue de nos archevesques », dit Fornier, fait siéger saint Ismide dès l'an 1000. Il avait probablement encore le siège quand, en 1005, Rainaud II, évêque d'Angers (973-1005), déjà très vieux, voulut accompagner au voyage de Jérusalem, Foulques, comte d'Anjou, mais arrivé à Embrun, y tomba malade, dut s'y arrêter, y mourut le 11 juin, et y fut inhumé dans l'église de Saint-Marcellin. Vers le même temps, Ismide faisait restaurer et réconciliait les églises, dans et hors la ville et par tout son diocèse. C'est vers 1010, assure-t-on, que décéda le saint prélat.

RADON *(Rado).* — Radon succéda à Ismide Ier. Mais ce successeur est-il le prélat de ce nom qui souscrivit, comme évêque, un acte de 1105 ? Nous n'osons l'affirmer. Toujours est-il que Radon était archevêque d'Embrun en 1016, au mois d'août, comme il conste par un article relatif à Montmajour près d'Arles. Vers 1020, le 4 février, cet archevêque fit don à l'église de Notre-Dame de Chorges de la moitié d'un domaine. Il fit encore, en 1025, une donation à l'église de Notre-Dame d'Ilion, en présence d'Eminus, évêque de Digne, et de quatre chanoines de l'église de Saint-Marcellin d'Embrun. Les actes de 1027 et de 1028, où on le fait intervenir, sont fort suspects, mais nous admettons volontiers qu'il siégeait encore à ces deux dernières dates.

ISMIDE *(Hismido, Hismodo, Ismido* et *Isimandus)* **II**. — Ismide II, que Mgr Depéry confond, à tort, avec saint Ismide Ier, est sans doute l'archevêque d'Embrun du nom d'*Isimandus* dont il est parlé dans une lettre du pape Jean XIX, lequel a régné de 1024 à janvier 1033. Le 15 octobre 1040, Ismide assista à la consécration de l'église abbatiale de Saint-Victor de Marseille, et souscrivit, après l'archevêque d'Aix, la bulle donnée à cette occasion par le pape Benoît IX, comme titre authentique d'un privilège qu'il avait accordé à cette abbaye. En 1043, il se signa, avec le titre d'archevêque d'Embrun et parmi d'autres prélats, dans une assemblée tenue pour la vérification ou confirmation des privilèges de la même abbaye. Le 7 avril 1044, Ismide servait de médiateur entre le même Guillaume Bertrand et Rodolphe, évêque de Gap, au sujet des difficultés qui s'étaient élevées entre eux touchant la propriété de la ville de Gap et de son territoire. Il fut présent, la même année 1044, à la donation faite par Guillaume Bertrand, comte de Provence, à l'abbaye de Saint-Victor de Marseille, afin de restaurer l'église de Saint-Promase, au territoire de Forcalquier. Enfin, vers le même temps, Ismide assista avec Raimbaud, archevêque d'Arles (1031-1065), Pierre, archevêque d'Aix (1032-1048), et les suffragants, à un concile tenu à Arles contre les simoniaques et les prêtres mariés (1).

GUINIMAN Ier. — Guiniman Ier (*Guinemannus*, comme porte la *Gallia* de Louis et Scévole de Saint-Marthe, d'après Verdale), et non Guinervinaire (*Guinervinarius*, comme portent l'*Histoire des Alpes-Maritimes* du Père Fornier, et diverses listes, d'après Catel), siégeait en 1050 d'après Fornier, en 1050 et en 1054 d'après M. Guillaume. Il est connu comme ayant assisté, avec Guiffrey, archevêque de Narbonne, Léger, archevêque de Vienne, Raimbaud, archevêque d'Arles, et d'autres prélats, à la consécration de l'église Saint-Pierre de Maguelonne. Cette cérémonie eut lieu en 1050 selon la *Gallia* ancienne, en janvier 1054 selon une note récente de l'éditeur de l'*Histoire des Alpes-Maritimes*. C'est tout ce que nous savons de cet archevêque, à moins d'en faire une seule et même personne avec le Guiniman dont nous allons parler bientôt.

HUGUES. — Hugues déshonora le siège d'Embrun par sa simonie. Arrivé à ce siège en 1054, il fut déposé en 1055.

GUINIMAN II (*Guinimanus, Guinimannus, Vinnimanus, Winimannus*). — Guiniman II est probablement la même personne que le prélat de même nom qui précède Hugues le simoniaque, et les caractères d'intrusion de ce dernier sont peut-être tels qu'il eût été juste de l'exclure des listes où il a figuré jusqu'à présent. Quoi qu'il en soit de ce point, qui reste à vérifier, Guiniman II était élève et chanoine de l'église Saint-Barnard de Romans, quand il fut élu archevêque d'Embrun. Déjà revêtu de la dignité archiépiscopale avant le 11 juin 1056, jour où il fit à la prévôté d'Oulx une donation considérable, il fit de plus, vers le même temps et à la même prévôté, d'autres concessions qui furent confirmées par le comte Guigues, Guigues son fils et d'autres personnes. Ayant reçu l'onction épiscopale des mains du pape Victor II, il aimait à rappeler cette faveur. Dans une bulle du 7 juillet 1057, très élogieuse pour Guiniman, ce pape rappelle lui-même qu'il l'avait *ordonné et consacré pour être archevêque*, il confirme

---

(1) Après Ismide II, plusieurs listes donnent place à un archevêque du nom de Viviène (*Vivienus*). Elles s'appuient en cela sur des notes tirées, par François-Roger de Gaignières († 1715), du *Cartulaire de Domène*, et d'après lesquelles Viviène aurait assisté, avec Léger, archevêque de Vienne, Ebbon, archevêque de Tarentaise, et Artaud, évêque de Grenoble, à la dédicace de l'église du prieuré de Domène, *au temps d'Odilon, abbé de Cluny.* Comme cet abbé est mort le 1er janvier 1049, on a conclu que notre archevêque vivait avant 1049. Mais, vérification faite dans le *Cartulaire* même *de Domène*, nous constatons que cette dédicace n'a pas été faite du temps d'Odilon, mais plus tard, du temps des évêques susdits, en leur présence, et accompagnée d'une *confirmation*, à Cluny, de biens qui lui avaient *été donnés* antérieurement, *du temps où Odilon était abbé de Cluny*. Quant au prétendu Viviène, le *Cartulaire* l'appelle *Winimannus*, ce qui répond au nom de l'archevêque Winiman ou Guiniman, dont nous allons parler au texte.

2

son élection, lui accordé l'usage du pallium et lui ordonne de rétablir dans sa splendeur d'autrefois l'église de Notre-Dame d'Embrun, ruinée par les Sarrasins et les hérétiques. En 1060, Guiniman assiste à un concile tenu à Avignon et y prend part à l'élection de Gérard Chevrier pour évêque de Sisteron. Le 16 août de la même année, il cède à la communauté des chanoines de Romans certains biens de la prébende qu'il possédait en ce lieu. Le 27 août 1064, il cède la survivance de son canonicat à son neveu de même nom, et certains biens à la mense commune du chapitre. En 1066, il donne à l'abbaye de Saint-Victor de Marseille les églises de Saint-Victor et de Saint-Christophe de Chorges. En 1068, il assiste à un traité fait entre Léger, archevêque de Vienne, et Adhémar de Bressieu. Le 8 novembre de la même année, il assiste au synode tenu à Vienne et présidé par le cardinal Hugues. Le 6 octobre 1069, il souscrit, à Romans, l'acte d'élection d'Arman pour abbé de Saint-Barnard. Des autres actes où figure Guiniman, nous citerons seulement celui où est relatée la consécration de l'église des moines de Saint-Robert de Cornillon.

Ce furent notre archevêque et Hugues, évêque de Die, venus chez le comte Guigues, lequel était alors à Cornillon, qui firent cette consécration. Celle-ci eut très probablement lieu en 1074 : puisque Hugues ne figure qu'au second rang et avec la simple qualité d'évêque, il n'était pas encore légat de Grégoire VII. En tout cas, la date ne peut être antérieure à 1074, année où Hugues fut sacré, ni postérieure à 1076, année de l'élection du suivant.

BERNARD II. — Bernard II, au dire de dom Piolin, le nouvel éditeur de la *Gallia*, fut élu archevêque d'Embrun en 1076 ; mais c'est tout ce que nous savons sur ce prélat.

GUILLAUME Ier. — Guillaume Ier, que Fornier met après Guiniman et fait siéger en 1066, n'était pas autrement connu de cet historien que pour l'avoir « veu dans une liste indigeste de certain nombre d'archevesques d'Ambrun ». M. Guillaume a trouvé avec raison que la date était absolument fautive, et l'a changée en celle de 1077, mais en doutant de l'existence de ce prélat.

PIERRE II. — Pierre II, que Fornier met après Guillaume Ier et fait siéger en 1077, n'était pas autrement connu de lui que le précédent. M. Guillaume ne l'a pas admis dans sa liste.

LANTELME. — Lantelme fut élu en 1080 (avant le mois d'avril), au concile d'Avignon, présidé par Hugues de Die, légat de Grégoire VII, qui, peu après, l'emmena, ainsi que d'autres prélats, à Rome, où ils furent tous sacrés par le pape lui-même. Le 22 janvier 1084, il confirma au prévôt d'Oulx la donation de Notre-Dame de Briançon. Vers la même époque (1080-1095), il confirma à Saint-Victor de Marseille les nombreuses dépendances que cette abbaye possédait dans le diocèse d'Embrun, et assista à un débat célèbre qui s'était élevé entre les religieux de Saint-Victor et les chevaliers du Saint-Sépulcre de Jérusalem, à propos du lieu de Chorges.

BENOIT II. — Benoît II est connu par un acte du 25 juin 1105, où il confirme à la prévôté d'Oulx l'église et les dîmes de Briançon ; par un autre, de mai 1118, où il confirme à la même prévôté les églises de Briançon, de Saint-Chaffrey, de La Salle, de Névache, de Queyrières et de Vallouise ; par un autre, du 7 juin 1118, en faveur de la même prévôté ; et par une lettre de 1115-8, où il recommande aux religieux de l'abbaye de Saint-Pons de Cimiès d'obéir à Pierre, évêque de Nice (1115-49), qui était venu à Embrun se plaindre de leur désobéissance.

SAINT GUILLAUME II. — Saint Guillaume fut l'ami de Pierre le Vénérable, abbé de Cluny, du 22 août 1122 au 25 décembre 1156, date de sa mort. Il est inscrit avec le titre de saint dans les diptyques de l'église d'Embrun, et a, pour ce motif, sa vie écrite dans l'*Histoire hagiologique du diocèse de Gap*, par Mgr Dépéry. Elu archevêque vers 1120, il travailla à l'extinction de l'hérésie de Pierre de Bruis, précurseur de Luther. Il approuva, en 1124, un don fait par Guy Berton au monastère de Sainte-Croix de Châteauroux. Il fonda et eut le bonheur de voir déjà bien prospère l'abbaye de Boscodon. Il assista, en 1134, au concile de Pise, où l'antipape Anaclet fut excommunié. Il fut si gravement blessé, en en revenant, par les partisans de Conrad III, qu'il succomba peu de jours après.

B..., d'après le *Tableau historique des Hautes-Alpes*, fut archevêque en 1136.

GUILLAUME III. — Guillaume III, de Champsaur, siégeait en 1136. Il était d'un haut mérite et d'une rare vertu. Le pape, l'empereur, le comte de Provence et d'autres seigneurs lui formèrent un véritable Etat, dont il fut comme souverain. D'après un diplôme suspect de l'an 1147, l'empereur Conrad III lui accorda les régales, toute justice, le droit de battre monnaie, les péages sur terre et sur la Durance. Vers 1152, le pape Eugène III lui confirma toutes les possessions de son évêché, notamment Vars, Risoul, Gramison et tout le fief que tenaient Allaud de Barben et ses consorts, et le village de Saint-Clément, Châteauroux, Crévoux et tout ce que l'archevêque d'Embrun avait à Chorges. Il déclare que les diocèses de Digne, de Senez, de Vence, d'Antibes, de Glandèves et de Nice sont suffragants d'Embrun. Il confirme au prélat les églises de Saint-Marcellin et de Saint-Symphorien dans *Valle Vinaria*. En même temps, Raymond Bérenger III, comte de Provence, céda à Guillaume III toutes les prérogatives seigneuriales qu'il avait à Bréziers, à Beaufort et à Salcette. Puis, en 1158, notre évêque cède *Villam Vinariam* à Raymond d'Uzès, évêque de Viviers. Des actes faits vers 1152, en 1158 et en 1159, le disent légat du siège apostolique. Au surplus, il tint à Embrun un concile dont le but était de régler un partage de biens entre l'évêque de Nice et son chapitre, et il eut lui-même avec le Chapitre de sa métropole, au sujet des mines de l'Argentière et de Fressinières, des démêlés qui devaient durer cinquante ans et que la mort l'empêcha de voir finir. Il mourut en 1168.

RAYMOND I. — Raymond I, précédemment évêque de Carpentras (de 1142 à 1168), archevêque d'Embrun dès l'an 1168, continua la lutte de son prédécesseur contre le Chapitre. Il eut, le 19 mars 1169, la confirmation de ses droits sur ces mines, par le pape Alexandre III. Après de longues discussions, l'affaire se termina à l'amiable. Prélat plein de savoir et de talents, il eut le titre de *légat du Saint-Siège*. Il tint le siège d'Embrun de 1168 à 1176 ou 1177.

PIERRE III, Romain. — Pierre III, Romain, reconnut, en 1177, que « tous les Ambrunois » devaient l'hommage au comte de Forcalquier. Il siégeait depuis deux ans, quand, en mars 1179, il assista au troisième concile œcuménique de Latran et en souscrivit les actes. En 1183, il approuva la sentence arbitrale relative à Gigors (Basses-Alpes), rendue par Guillaume, son prédécesseur. En octobre 1189, par son entremise et celle de l'évêque de Senez, Boniface de Castellane se décida à rendre hommage au roi Alphonse, comte de Provence. Il fonda des anniversaires.

GUILLAUME IV. — Guillaume IV, de Bénévent, fut un prélat d'une grande vertu. Le pape Innocent III le chargea, en juin 1198, d'agir efficacement, avec les archevêques d'Aix et d'Arles, « contre ceux qui molestoient le monastère de Saint-Victor de Marseille. Guillaume siégea depuis l'an 1189 jusqu'à sa mort, arrivée vers 1202.

RAYMOND II. — Raymond II avait l'archevêché en l'an 1203. En 1204, il fit, avec le prévôt d'Oulx, une transaction importante au sujet des dîmes du Briançonnais et de la *Val-Pute* ou Vallouise. Le 8 juin 1208, une sentence arbitrale fut rendue sur les différends régnant entre lui et son chapitre. Il assista au Concile d'Avignon de 1209. Il fit, en 1210, avec le dauphin André, une transaction par laquelle ce dernier cédait, à l'archevêque, le haut domaine de tout ce qui avait jadis appartenu aux seigneurs de Forcalquier dans l'Embrunais, et était advenu au dauphin par son mariage avec Béatrix de Claustral. Les dauphins devaient en rendre hommage aux archevêques comme à leurs suzerains. On a des lettres du 4 août et du 5 octobre 1211, qui lui furent adressées par Innocent III. Raymond mourut en 1212.

SAINT BERNARD II, Chabert. — Saint Bernard II, Chabert, né à La Salle-en-Briançonnais, fut d'abord attaché à l'église de Paris, en qualité de chancelier. Devenu évêque de Genève en 1206, il se montra bienfaisant envers les prêtres de son église; en 1208, il fut appelé par les vœux du clergé et du peuple d'Embrun, et par les exhortations pressantes du pape Innocent III, à quitter Genève pour occuper le siège archiépiscopal d'Embrun. On connaît la lettre d'octobre 1212, adressée par ce pape *à l'évêque de Genève, élu pour archevêque d'Embrun.* Bernard succéda donc à Raymond II, en octobre 1212, et reçut bientôt après, à ce titre, l'hommage du dauphin André. Il fut appelé, vers Noël 1215, au Concile de Montpellier, présidé par le légat du pape. Comme on y avait déclaré Simon de Montfort, prince et maître du pays qu'il avait conquis sur Raymond de Toulouse, Bernard Chabert fut chargé d'aller à Rome pour faire ratifier par le pape cette décision, et obtint une bulle de confirmation de l'an 16ᵐᵉ du pontificat d'Innocent III. En avril 1216, il déclara participants aux bonnes œuvres de son diocèse tous ceux qui feraient du bien aux religieuses de Saint-Antoine de Paris. En décembre 1222, il reçut l'hommage d'Amaury de Montfort pour les biens que ce dernier possédait à Embrun, à Chorges, à Montgardin, et en autres lieux du diocèse : Il appela, dès 1223, les religieux de Saint-François d'Assise dans son diocèse, et ceux-ci s'établirent dans une pauvre maison construite à la hâte hors de la ville et au nord d'Embrun. En 1233, il fut chargé, avec l'évêque de Gap et l'abbé de Valcroissant, de faire une nouvelle enquête sur la vie et les miracles de Saint Etienne, évêque de Die. Il mourut le 1ᵉʳ décembre 1235.

AIMAR de Bernin. — Aimar de Bernin était frère cadet de Jean de Bernin, archevêque de Vienne (1218-66). D'abord élu abbé de Saint-Pierre de Vienne vers 1220, il devint évêque de Saint-Jean-de-Maurienne en 1221, et fut transféré à l'archevêché d'Embrun dès la fin de 1235. Le 1ᵉʳ juin 1237, il reçut de la dauphine Béatrix, tutrice de son fils Guigues, l'hommage pour l'Embrunais. Le 10 avril 1238, il fit lui-même hommage à l'empereur Frédéric II, qui lui confirma tous les privilèges de son archevêché. Le 2 juillet de la même année, une sentence arbitrale est rendue entre lui et les consuls d'Embrun. Le 14 mai 1239, il est chargé, avec l'archevêque de Vienne, d'étudier le projet d'union des évêchés de Valence et de Die. Le 4 décembre 1240, il rachète la quatrième partie de la châtellenie de Châteauroux. Le 8 juin 1241, une sentence a lieu entre lui et les consuls d'Embrun. Le 12 février 1241/2, une sentence judiciaire condamne Trinquier, châtelain de Châteauroux, à livrer la tour de cette localité à l'archevêque, quand il en aura besoin. Le 17 septembre 1242 fut réglé un différend existant entre lui et le commandeur des Templiers. Le 23 août 1243, il fut témoin de l'acte par lequel le roi d'Angleterre fit don du bourg de Saint-Macaire (Gironde) à l'abbaye de Sainte-Croix de Bordeaux. Le 27 janvier 1244/5, il présida une enquête, à Châteauroux, dans son diocèse. Il mourut pendant le Concile de Lyon, le 23 mai de la même année 1245. On nous a conservé son tombeau et son épitaphe dans la cathédrale St-Maurice, de Vienne. (V. les *Annales Dauphinoises,* t. I, p. 79).

HUMBERT. — Humbert, religieux de Saint-Benoit, était déjà archevêque d'Embrun le 1er octobre 1245. Le 3 janvier suivant, Innocent IV lui accorde le privilège de ne pouvoir être excommunié par aucun légat sans une permission expresse du Saint-Siège. Le 18 du même mois, le même pape lui accorde le privilège de ne pouvoir être convoqué hors de son diocèse sans une bulle spéciale. Le 1er avril suivant, il achète du chevalier Folquet, de Châteauroux, sa part de châtellenie en ce lieu. Un acte du 31 janvier 1246/7 nous le montre amenant les gens de Châteauroux à lui reconnaître le droit d'instituer et de destituer leurs consuls. Bientôt après, il fait un accord avec le dauphin. Le 28 décembre 1247, Humbert fait une fondation, imposée sur des vignes situées à Chadenas, près d'Embrun, pour entretenir quatre moines de Boscodon, qui auraient à dire tous les jours la messe pour lui, de son vivant et après sa mort. Enfin, le 2 mai 1249, il était encore archevêque d'Embrun, comme le prouve un acte d'échange entre la prieure de Saint-Saturnin-lès-Embrun et Pierre Lazare. Mais la mort l'enlevait quelques mois après.

HENRI DE SUZE. — Henri de Suze, célèbre canoniste, était évêque de Sisteron depuis 1244, quand il fut élevé, en 1250, sur le siège d'Embrun. Le 2 janvier 1251, Innocent IV confirme à ce prélat les biens et privilèges de son église, et lui accorde le pouvoir de se faire précéder de la croix dans son diocèse et dans toute la province des Alpes-Maritimes. Le 29 juillet suivant, Guillaume de Hollande, roi des Romains, lui accorde un privilège, suivi, le 15 décembre de la même année, d'un autre encore plus étendu, par lequel il confirme à l'archevêque et prince d'Embrun Henri, les privilèges et biens de son église, et l'autorise à instituer des notaires impériaux dont les actes feront foi dans tout l'Empire. En 1252, Innocent IV l'autorise à faire certains échanges de terres. En 1253, il ratifie un accord intervenu entre son prédécesseur et le dauphin ; mais il a, depuis lors, avec les Embrunais, des démêlés qui ne seront assoupis qu'en 1257 et bien terminés que par un acte du 20 août 1258. On le voit ensuite convoquer et présider, à Seyne (Basses-Alpes), un concile provincial, qui s'ouvrit le 26 octobre 1260, et où l'on fit des ordonnances datées du même jour. Il fut en grande estime dans l'esprit de saint Louis qui, en 1262, le chargea de terminer le différend existant entre la reine Marguerite, sa femme, et le comte d'Anjou, au sujet de la Provence. Créé cardinal évêque d'Ostie et de Velletri, le 3 janvier 1263, il devait mourir, à Lyon, le 6 novembre 1271 (1).

JACQUES II Serène. — Jacques II Serène, élu prévôt d'Embrun, promettait, le 1er mars 1256/7, à l'archevêque Henri et au Chapitre, de bien remplir ses fonctions. Il avait encore cette dignité et était, de plus,

---

(1) Après *Henri de Suze* se trouve, dans la liste de Fornier et dans plusieurs autres, le nom d'un *Melchior*, qu'il faut supprimer, comme l'a fait M. Guillaume.

depuis 1261, chapelain du pape Urbain IV, quand Henri de Suze fut promu au cardinalat et à l'évêché d'Ostie. On élut, pour remplacer celui-ci à Embrun, un chartreux, qui refusa la dignité (1). Ce fut alors qu'on élut Jacques Serène, qui était déjà chargé, par Urbain IV, en 1263 même, d'une mission auprès de Mainfred, prince de Salerne. Les services que le nouvel élu avait rendus à Urbain expliquent ces paroles d'une bulle du même pape, des premiers mois de 1263, à *son bien-aimé fils élu d'Embrun :* « Par la justice de vos mérites, vous avez gagné les bonnes grâces et la faveur du Saint-Siège apostolique en plusieurs façons, et d'ailleurs vous êtes le bienvenu en notre présence, à l'opinion même du monde... » Fornier nous apprend que Serène, pendant son séjour en Italie, *où il se fit sacrer* (probablement par le pape), et Henri, son prédécesseur, avaient averti Urbain IV du peu de compte qu'on tenait du décret du concile de Valence de 1248, défendant aux évêques de recevoir ceux que leurs collègues avaient excommuniés. Il ajoute que « à raison de cela, Urbain envoya expressément à l'archevesque d'Aix, à celuy de Vienne et à l'éleu de Lyon, à la sollicitation (comme il tesmoigne) de l'archevesque d'Ambrun, de faire bien garder ce décret du concile ».

Le 10 août 1263, Urbain désigne l'archevêque de Vienne et les évêques de Grenoble et de Nice pour terminer le différend existant entre l'archevêque d'Embrun et le dauphin, au sujet du palais construit par ce dernier à Embrun. Le 25 du même mois, il autorise l'archevêque d'Embrun à donner à un autre le fief que le dauphin possède à Embrun, si celui-ci ne veut pas prêter hommage à l'archevêque. Le lendemain, il enjoint au dauphin de respecter les traités conclus par ses prédécesseurs avec l'archevêque, de lui prêter hommage et de démolir, dans six mois, le palais qu'il a construit à Embrun. Des actes de 1265, 1267 et 1268 montrent positivement Jacques Serène siégeant à Embrun.

En 1275, notre prélat fut chargé, par l'empereur Rodolphe, de lever, en Allemagne, les décimes de six ans pour la croisade. Le 31 janvier 1276, le même empereur confirme, à cet *archevêque et prince* d'Embrun, les privilèges accordés à son église par son prédécesseur, en 1251; il lui confirme les droits régaliens et lui donne le domaine majeur de Saint-Clément. Enfin, Jacques Serène eut, à Embrun, un concile provincial en 1278, et mourut le 6 novembre 1286.

GUILLAUME V. — Guillaume V, prélat vertueux, fut nommé archevêque le 4 août 1286. Il siégea jusqu'à sa mort, arrivée avant avril 1289.

---

(1) En effet, Raymond Juvenis, à l'exemple de Chorier, place, après Henri de Suze, un archevêque élu d'Embrun, qu'il appelle *Guillaume V de Briançon.*

Celui-ci fut élu archevêque après Henri de Suze; mais il résista à toutes les instances qu'on fit pour le tirer de sa solitude de chartreux et l'élever sur le siège d'Embrun. *(Histoire des Alpes-Maritimes du* P. Fornier, éditée par M. Guillaume, t. II, p. 52, note.

RAYMOND III DE MÉVOUILLON. — Raymond III de Mévouillon, élu évêque de Gap en 1282, devint archevêque d'Embrun le 4 octobre 1289. Le 12 août 1290, il convoqua à Embrun un concile provincial, auquel assistèrent les évêques de Digne, de Glandevez, de Grasse, de Senez, de Nice et de Vence, l'abbé de Boscodon et les députés des chapitres. On ne fit guère qu'y confirmer les statuts que, Henri, son prédécesseur, avait faits en 1260 dans un concile provincial tenu à Seyne. En 1292, il fut témoin de la donation que la dauphine Anne fit, à son fils Jean, de tout le Dauphiné. Le 8 août de la même année, il échangea ses dîmes de Savine et d'Embrun en deça de la Durance, à la réserve du vin d'Embrun, etc., contre la prébende de Saint-Clément et d'autres droits du prévôt, que lui cédait le chapitre de Notre-Dame d'Embrun. Un chapitre général de l'ordre des Dominicains, auquel il appartenait, ayant été ouvert à Montpellier le 7 juin 1294, il s'y rendit; au retour, il passa au Buis en vue de la fondation à y faire d'un couvent de son ordre, et y mourut le 28 du même mois. On a des monnaies frappées sous lui.

GUILLAUME VI DE MANDAGOT. — Guillaume VI de Mandagot fut nommé archevêque d'Embrun le 20 avril 1295. Boniface VIII, dans cette circonstance, ne se rendit pas aux désirs du chapitre métropolitain d'Embrun, qui demandait pour archevêque un enfant des Alpes, Lantelme de Saint-Marcel-d'Avançon, évêque de Grasse. Guillaume était un des plus savants prélats de son temps. Boniface VIII, avec lequel il resta toute sa vie en relations d'amitié, l'envoya en Catalogne, avec Rostaing, archevêque d'Arles, le cardinal Guillaume de Ferrières, et Charles II, roi de Sicile, pour conclure la paix entre ce prince et Jacques d'Aragon.

A son retour, il se mit à visiter son diocèse; mais bientôt Boniface VIII lui écrivait de se rendre à Rome avec tous ses écrits et ses livres, afin de travailler au sixième livre des Décrétales. Il arriva à Rome le 31 octobre 1296, et y travailla à ce livre, conjointement avec Béranger, évêque de Béziers, et Richard de Sienne. En 1300, toujours archevêque d'Embrun, il travailla à un accord entre l'évêque et les citoyens de Gap, et Jean comte de Gapençais. Clément V eut pour Guillaume de Mandagot la même estime que Boniface VIII, et l'employa pour faire le recueil des *Clémentines*. Mais notre archevêque, étant devenu recteur du Comtat-Venaissin, avait besoin d'en être rapproché. Clément V lui donna l'archevêché d'Aix; ses bulles de provisions sont du 26 mai 1311. Toutefois son séjour à Aix fut court; le 23 décembre 1312, Guillaume devint cardinal-évêque de Palestine. Il mourut, à Avignon, le 11 novembre 1321.

JEAN Ier. — Jean Ier du Puy (d'autres disent *de Gascogne*) naquit à Condom. Il fut élevé dans l'ordre de Saint-Dominique. Nommé archevêque d'Embrun, par Clément V, le 22 mai 1311, il résida peu dans sa ville épiscopale, soit plutôt à cause de certaines voies de fait que certains habitants d'Embrun commirent contre lui et les siens. Il était le plus souvent à Pernes, ville assez proche d'Avignon. En 1315, il reçut l'hommage du dauphin pour le comté d'Embrun, et fit un accord avec lui. Il mourut le 29 septembre 1318.

RAYMOND IV Robaud. — Raymond IV Robaud, probablement originaire de Marseille, fut archidiacre de Riez en 1304 et 1305, prévôt de Fréjus de 1308 à sa nomination à l'évêché de Marseille, le 1er janvier 1313. Une bulle de Jean XXII, du 12 septembre 1319, le transféra à l'archevêché d'Embrun. Il augmenta le nombre des prébendes de son chapitre, les portant de 11 à 18. Le 30 juillet 1321, il traita avec Henri, évêque de Metz, sur les droits du dauphin Guigues, pupille de celui-ci, et ceux de l'archevêché d'Embrun. Il est le seul archevêque de cette ville qui se soit attribué la qualité de comte d'Embrunais, les autres l'ayant toujours laissée aux dauphins pour prendre eux-mêmes le titre de prince d'Embrun. Il est le deuxième des archevêques connus comme ayant frappé monnaie. *On a de lui un gros d'argent et un demi-gros*. Raymond siégeait encore le 28 janvier 1322 (n. s.) On ignore la date précise de sa mort.

BERTRAND de Deux. — Bertrand de Deux *(de Deucio)*, né à Blauzac (Gard), prévôt dès 1319, puis archevêque d'Embrun depuis le 5 septembre 1323, fut employé à des négociations politiques et religieuses d'une grande importance. Il assista au Concile ouvert à Avignon, le 18 juin 1326. Le 21 juin 1327, il présida, à Embrun, un accord fait entre les consuls et le chapitre d'Embrun. Le 12 août 1328, il transigea avec les habitants de Guillestre et de Risoul, au sujet de leurs droits. Le 16 octobre 1331, il promulgua des statuts organiques. Le 20 août 1334, il reçut du dauphin Humbert II l'hommage pour tout ce que ce prince avait dans l'Embrunais. Il laissa l'archevêque d'Embrun pour devenir, le 18 décembre 1338, cardinal-prêtre de Saint-Marc, puis, en 1350, évêque de Sabine, et mourut, à Avignon, le 21 octobre 1355.

PASTEUR de Sarras. — Pasteur de Sarras (di *d'Aubenas)*, franciscain à Aubenas, province de Provence, dès 1329, fut élu évêque d'Assise le 1er octobre 1337, et promu le 27 janvier 1338 à l'archevêché d'Embrun. Sa vie eut moins d'éclat que celle du précédent, mais n'a pas laissé de profondes traces. Ami de la reine Sancia, épouse de Robert, roi de Naples, et mère de la fameuse Jeanne Ire, il reçut de cette princesse, et d'autres souverains qui l'avaient aussi en haute estime, des dons considérables qui lui permirent de satisfaire sa soif de charité, de zèle pour la maison de Dieu, et de bonnes œuvres. Il reçut, en 1341, l'hommage de Guillaume de Bardonnesche. En 1343, le 14 mars, il fit des largesses admirables pour le mobilier et l'ornementation de Notre-Dame d'Embrun. En 1347, Clément VI l'envoya, avec Guillaume Ami, évêque de Chartres, auprès de Philippe VI, roi de France, afin d'obtenir de lui qu'il révoquât les ordres qu'il avait donnés à ses officiers de se saisir des dîmes et revenus des cardinaux et prélats qui ne résidaient point en France. Grâce aux bons offices de la reine Jeanne, leur mission eut un plein succès. Le 31 mars 1349, Pasteur publia, d'accord avec le dauphin Humbert II, de nouveaux règlements pour le gouvernement politique de la ville d'Embrun et l'administration de la justice. Cet archevêque est un des trois d'Embrun connus pour avoir frappé une monnaie spéciale ; c'est ce que prouve un double gros en billon, appartenant au Cabinet de France et portant pour inscription : PASTOR ARCHIEP(iscopu)S EBREDVNENSIS. Le 17 décembre 1350, il fut fait cardinal-prêtre des Saints-Marcellin et Pierre. Il quitta alors le siège d'Embrun, et mourut, à Avignon, le 11 octobre 1356.

GUILLAUME VII des Bordes. — Guillaume VII des Bordes, antérieurement chanoine de Langres et membre de la maison du pape Clément VI, était déjà archevêque d'Embrun le 19 février 1351. Les premiers écrits connus concernant son administration ont rapport à l'hérésie vaudoise, dont il avait à purger son diocèse. Le 20 octobre 1351, le gouvernement du Dauphiné enjoignait au bailli de Briançon de prêter main-forte à un inquisiteur envoyé par le Pape. Le 7 mars 1352, Clément VI écrivait aux évêques, abbés, ecclésiastiques, seigneurs, juges et communautés, de venir en aide à Guillaume des Bordes, chargé, ainsi que l'inquisiteur Pierre de Monts, de purger les contrées infectées du venin de l'hérésie en question. Le 9 novembre 1355, Guillaume reçut d'Aymar de Poitiers, agissant au nom de Charles, dauphin, fils du roi de France, l'hommage de ses biens de l'Embrunais. Il reconnut lui-même pour suzerain l'empereur Charles IV, qui, le 16 février 1357, accorda à l'archevêque une bulle par laquelle il le prenait sous sa sauvegarde, le déclarait feudataire immédiat de l'Empire, lui confirmait ses droits juridictionnels et le privilège de ne pouvoir être cité que devant l'Empereur. Le dernier acte connu présentant Guillaume sur le siège d'Embrun est une commission du 12 juillet 1360, donnée à Jean Guillaume, son vicaire général, pour l'organisation des travaux de défense et de fortification d'Embrun. Sa mort a dû arriver au commencement de 1361.

RAYMONDY de Salgues. — Raymondy de Salgues *(de Salquis)*, qui, en mai 1361, était encore évêque d'Eln (Pyrénées-Orientales), fut transféré à Embrun en 1361 même. Le 24 avril 1362, à Avignon, cet archevêque donnait, à nobles Jacques et Bertrand Rogne, l'investiture des biens et seigneurie qu'ils avaient acquis, aux Hodouls, d'Etienne de Bordes, et en recevait l'hommage. Plus tard (en 1364), il fut nommé évêque d'Agen. Il mourut, en 1374, avec le titre d'administrateur perpétuel du patriarcat d'Antioche.

BERTRAND II. — Bertrand de Châteauneuf, d'abord archevêque de Tarente (1348-49), puis archevêque de Salerne (1349-63), fut transféré sur le siège d'Embrun en 1364, le 8 janvier (selon Ughelli) ou le 1er février (selon la *Gallia* nouvelle). Le 17 août 1364, étant à Embrun, il accorda à la communauté de Guillestre l'extinction des droits de fournage moyennant une pension annuelle de 20 florins d'or. Le 13 mai 1365, on le trouve parmi les prélats des trois provinces d'Arles, d'Aix et d'Embrun qui étaient réunis en concile à Apt. Il était encore sur le siège d'Embrun le 30 septembre 1365, jour où son bayle *consentait, en son nom*, un échange avec le prieur de Guillestre. Il est même très vraisemblablement l'archevêque d'Embrun dont le vicaire général, Pierre, abbé de Sainte-Sophie de Bénévent (Italie), agissait le 20 janvier 1366 (n. st.) au nom de ce prélat, *alors en pays éloignés*. Mais Bertrand, que l'on a fait transférer le 7 septembre 1365, à l'évêché de Viviers, en remplacement d'Aimar de la Voulte, *décédé en 1365 même*, avait, un peu plus tard du moins, ce dernier siège, qu'il garda jusqu'en 1373 (1).

PIERRE IV Amel (*Amelii*). — Pierre IV Amel, originaire du royaume de France, avait servi le roi, à Paris, dans la chambre des Enquêtes, avant d'être élevé sur le siège d'Embrun. Cette élévation eut lieu antérieurement au mercredi 16 septembre 1366, jour où le bailli de Briançon ayant fait envahir les terres de l'archevêque par une armée de 9.000 hommes, ceux-ci tuèrent Hugues Albert, de Châteauroux, vassal de l'archevêque. C'est ce que nous apprend une requête adressée par ce prélat, en 1366 même, à Raoul de Louppy, gouverneur du Dauphiné, à la *suite de cette malheureuse équipée*. Celle-ci avait été faite pendant que Pierre se trouvait à la Cour pontificale, et sous prétexte que divers hommes de Châteauroux avaient enlevé des brebis à des habitants de Réotier et que les gens de Saint-Clément retenaient des sommes au Dauphin. Le 16 août 1367, l'archevêque reçut l'hommage du dauphin pour les possessions que ce prince avait dans l'Embrunais. Il défendit admirablement Embrun contre les Provençaux. En 1372, il convoqua à Seyne un concile des prélats de sa province et où se rendirent les évêques d'Avignon, de Gap et de Sisteron. Le 16 décembre 1378, Clément VII éleva notre archevêque au cardinalat sous le titre de Sainte-Marie au delà du Tibre, à condition qu'il garderait le titre de défenseur et de protecteur de l'église d'Embrun. Pierre fixa donc sa demeure à Avignon, où il allait recevoir plus tard le titre de cardinal-prêtre de Saint-Marc. Il fut lié d'une étroite amitié avec le cardinal Pierre de Luxembourg, qui, en son testament de 1387, le choisit pour le premier de ses exécuteurs testamentaires. Le 21 avril 1388, le cardinal Anglic Grimoard le choisissait aussi pour un de ses exécuteurs testamentaires. Enfin, le cardinal Amiel mourait le 10 août 1389.

MICHEL-ÉTIENNE de Perellos. — Michel-Étienne de Perellos était aragonais. Il fut nommé le 16 décembre 1378 et sacré par Clément VII lui-

(1) Fornier, Sauret et d'autres ont mis ici un archevêque du nom de Bernard III, qui aurait siégé vers 1366, mais n'aurait fait que passer. L'existence de ce prélat repose uniquement sur une confusion de nom avec Bertrand de Châteauneuf.

même. En 1401, il eut avec le roi-dauphin des difficultés au sujet du droit
de battre monnaie, dont l'archevêque jouissait. Le 22 février 1401, un arrêt
du conseil delphinal défendit « de recevoir aucunes espèces » de la monnaie
que Michel avait fait fabriquer. Les difficultés s'accrurent encore à propos
de l'exercice de la justice commune dans l'Embrunais que l'archevêque, le
20 novembre 1401, revendiquait en partie. Le 13 novembre 1406, l'atelier
delphinal de Mirabel fut transféré à Embrun, et y dura jusqu'en 1417. Le 20
février 1420 (v. s.), le gouverneur du Dauphiné se plaignait que les monnaies
fabriquées par l'archevêque n'étaient pas de bon aloi. Le prélat exerçait
donc encore son droit de battre monnaie. Quant aux difficultés concernant
l'exercice de la justice existant en 1401, elles s'étaient renouvelées vers
1420. N'ayant pu se rendre en 1414 au concile de Constance, il y fut
représenté par Jean de Poligny, abbé de Boscodon, et par le chanoine
Jacques Albert, vicaire général. Le 20 juin 1425, il accorda aux syndics et
à l'université de Briançon le pouvoir d'élire un régent et maître ès lettres,
ès lois et autres facultés de la science, avec défense à tous autres d'ouvrir
des écoles semblables dans le Briançonnais. Michel siégea jusqu'à sa mort,
arrivée le 1er mai 1427.

JACQUES III Gélu. — Jacques III Gélu, né à Ivoy (ancienne ville
du duché de Luxembourg) vers 1376, étudia à Paris. Il avait déjà rempli
dans le monde de hautes fonctions, quand il fut élu évêque de Tours le 7
novembre 1414. Il fut sacré le 13 janvier 1415, dans la chapelle royale, en
présence du roi et de la cour. Le 15 juillet 1416, il fut mis à la tête des
quatorze légats qui accompagnèrent l'empereur Sigismond auprès de
l'antipape Pierre de Lune, dit Benoît XIII. Son écrit intitulé : *Apologie
pour l'empereur Sigismond, le roi d'Aragon et les ambassadeurs du concile
contre l'antipape Benoît XIII*, reçut l'approbation du concile de Constance,
et servit beaucoup à détacher du parti de Pierre de Lune ceux qui l'avaient
soutenu. Le clergé d'Embrun l'ayant prié à son passage à Embrun, pour
aller à Rome, d'accepter l'archevêché vacant par la mort récente de Michel,
il se rendit à ces prières et devint archevêque d'Embrun en juillet 1427.
Les cinq années de son épiscopat en cette nouvelle église furent consacrées
à l'étude, à la prédication, à la visite des paroisses du diocèse. Eugène IV
lui écrivit plusieurs fois au sujet du concile de Bâle; Charles VIII voulut
avoir son avis pour savoir si la mission de Jeanne d'Arc venait du ciel ; il
lui fit à ce sujet cinq questions auxquelles l'archevêque répondit par l'écrit
intitulé : *Jacobi Gelu, ministri Ebredunensis, de puella Aurelianensi disser-
tatio*. Le grand et savant prélat mourut le 7 septembre 1432.

JEAN II Girard. — Jean II Girard, issu d'une famille noble
d'Embrun, qui possédait la terre des Orres et celle de Réotier, fut d'abord
président du conseil delphinal vers 1420, puis chanoine d'Embrun et enfin,
en 1432, archevêque de cette métropole. C'est sous ce pontife que l'archevêché d'Embrun perdit le droit de faire battre monnaie dans les parties

de son diocèse appartenant au Dauphiné. Les anciens droits régaliens du prélat, comme de faire grâce aux criminels et d'établir des impôts, furent attaqués; mais Jean Girard parvint à les faire respecter. En 1444, le pape transféra cet archevêque au siège de Vienne; mais cette nomination, faite contrairement à la Pragmatique-Sanction, trouva opposition dans le chapitre de Vienne, à qui la liberté des élections venait d'être rendue. Après quelques années de contestations, Jean Girard se démit du siège de Vienne en 1452, et mourut à Embrun le 17 janvier 1457.

JEAN III Baile. — Jean III Baile, né à Grenoble, fut un des dix-huit enfants de noble Jean Baile, président du parlement de Dauphiné de 1455 à 1461, et d'Alix de Marolles. Il fut donc frère de Jeanne Baile, fondatrice du monastère des Clarisses de Grenoble en 1478. D'abord chanoine d'Embrun, il en fut élu archevêque par le chapitre le 3 mai 1457. Il fut légitimement confirmé par le Souverain-Pontife; mais il n'était pas encore consacré, lorsque, juste un an après l'élection, le 3 mai 1458, à Embrun, devant les syndics, consuls et procureurs de cette *ville et d'autres localités* du diocèse, il fit son entrée solennelle dans la même ville et prêta serment d'observer les *libertés communales.* Pourquoi tant de retard ? Cet archevêque fut en butte aux tracasseries de Louis XI et eut des difficultés avec ses chanoines. Sixte IV, pour soutenir dans tant d'embarras un archevêque dont il savait du reste les grandes capacités, le fit recteur du Comtat-Venaissin. Jean III eut cette haute charge de 1472 à 1474; puis, rentré dans son diocèse, il s'appliqua d'une manière plus exclusive au soin de son troupeau. Une de ses œuvres fut de doter son diocèse de nouveaux livres liturgiques. Il fit composer un missel et un bréviaire. Le bréviaire fut imprimé, en 1489, par Jacotin de Rubéis, de Langres. Il s'occupa activement de la conversion des Vaudois établis dans son diocèse, et fit en 1484 la reconnaissance d'une partie des reliques de saint Pelade, rapportée en 1484 par Jean Richier, coseigneur de Montgardin. Enfin, ce prélat, fort instruit et ami des lettres, était à Lyon le 26 mars 1494, au moment de la pose de la première pierre du couvent de l'Observance. Il mourut dans cette ville en septembre de la même année.

ROSTAIN d'Ancezune. — Rostain d'Ancezune, prévôt d'Orange en 1489, apparaît la même année évêque de Fréjus, ce qu'il fut jusqu'au 26 novembre 1494, jour de sa préconisation pour l'archevêché d'Embrun. Il était encore évêque de Fréjus, lorsque Charles VIII l'envoya à Rome comme ambassadeur auprès du pape Alexandre VI, et il s'y trouvait lors de sa translation, que le roi avait sollicitée et pour laquelle il avait écrit deux lettres au chapitre d'Embrun. Il reçut en 1498 confirmation, par Louis XII, de son droit à l'hommage de Sa Majesté pour l'Embrunais. Il fut appelé à Rome en 1507 par Jules II pour remplir auprès de ce pape les fonctions de majordome, tout en conservant l'administration de l'archevêché d'Embrun. Il y passa trois ans et y mourut le 27 juillet 1510. Il y fut enseveli dans le sanctuaire de l'église des Saints Apôtres, du côté de l'épître.

JULES de Médicis. — Jules de Médicis, fils de Julien de Médicis et cousin germain de Léon X, devint archevêque d'Embrun en 1510 ; mais il ne fit que passer et son épiscopat ne laissa point de traces dans le diocèse, quoique son nom soit resté comme la plus grande gloire dans ses diptyques. En effet, il était remplacé à Embrun dès 1511, pour devenir archevêque de Florence et cardinal, puis être élu pape le 19 novembre 1523 et sacré le 25 du même mois, sous le nom de Clément VII.

NICOLAS de Fiesque. — Nicolas de Fiesque était de l'illustre maison génoise des comtes de Lavaigne. D'abord évêque d'Agde (1488-94), puis de Fréjus (1495-1524), il fut même créé cardinal du titre de Saint Nicolas *inter imagines* en 1503, puis des Douze-Apôtres vers 1508, de Sainte-Prisque vers 1510, et promu à l'archevêché d'Embrun. Cette dernière promotion, faite directement par le pape en 1511, ne fut pas sans difficulté. Le chapitre d'Embrun ne renonçait pas volontiers à son droit d'élection et de présentation. Il élut contre Nicolas, Claude d'Arces, abbé de Boscodon. Mais Louis XII intervint en faveur de Nicolas, qui fut définitivement archevêque. Prélat exemplaire et dévoué à l'Eglise, Nicolas travailla activement à faire réparer la cathédrale de Notre-Dame d'Embrun. Le 29 décembre 1514, à la demande de Louis XII et de ce prélat, le pape accorda, en faveur de cette cathédrale, une bulle des plus favorables. Depuis 1511, Nicolas fut encore promu au titre cardinalice de Sainte-Prisque au concile de Latran de 1512, à l'évêché de Toulon en 1515, à l'archevêché de Ravenne en 1516, à l'évêché suburbicaire d'Albano en 1518, à celui de Sabine en 1521, à celui de Porto en 1523, à celui d'Ostie le 18 mai 1524. La nouvelle situation faite à notre prélat l'amena à renoncer à l'archevêché d'Embrun, non en 1516, comme on l'a dit, mais peu après le 18 octobre 1517. Au surplus, devenu doyen du Sacré-Collège, il jouit peu de temps de cette dignité, et passa à une meilleure vie le 15 juin 1524. On lui donna la sépulture dans l'église de Notre-Dame du Peuple, à Rome.

FRANÇOIS de Tournon. — François de Tournon, que des actes de 1518 appelaient *élu* d'Embrun, fut pourvu de l'archevêché à l'âge de 28 ans. Il avait encore ce siège quand, le 14 janvier 1526, il signa le traité de Madrid qu'il était allé négocier en Espagne et qui rendit le roi de France à la liberté. Cependant il signa en qualité d'archevêque de Bourges, parce qu'il venait d'être appelé au gouvernement de ce nouveau diocèse. Il devait devenir plus tard cardinal-archevêque de Lyon vers 1556, puis doyen du Sacré-Collège et évêque d'Ostie. Il mourut le 2 avril 1562, laissant la réputation d'un homme habile et vertueux, d'un des plus grands protecteurs des sciences et des lettres au XIVe siècle.

ANTOINE de Lévis de Châteaumorand. — Antoine de Lévis de

Châteaumorand était fils de Jacques de Lévis et de Louise de Tournon, sœur du cardinal de Tournon *dont nous venons de parler*. Il avait l'évêché de Saint-Paul-Trois-Châteaux, quand il fut appelé en 1526 à remplacer son oncle sur le siège archiépiscopal d'Embrun. Il fut d'abord retenu à la cour de France par François 1er, et nous voyons Antoine Pascal, évêque de Rose *in partibus*, administrer le diocèse à sa place, mais des difficultés survinrent à propos des droits princiers attachés à son siège, le roi n'ayant pas satisfait l'archevêque, celui-ci rentra dans son diocèse. L'ennui l'ayant pris dans son antique métropole, ce prélat permuta son siège, en 1548, contre celui de Saint-Flour, occupé par le prélat suivant.

BALTHASAR-HERCULE de Jarente. — Balthasar-Hercule de Jarente appartenait à une ancienne famille de Provence. Ayant quitté le siège de Saint-Flour pour occuper celui d'Embrun en 1548, il laissa dans les annales de cette dernière église des traces impérissables de ses bonnes œuvres. On lui doit la construction du dôme qui est en avant du grand Réal, et c'est avec les fonds qu'il laissa pour continuer ce beau travail inachevé à sa mort, que fut construite la chapelle Ste-Anne, si remarquable par ses sculptures en bois. Il mourut en 1555, à Embrun même, laissant une mémoire vénérée et proclamé saint par la voix du peuple. Le roi Henri II nomma, pour lui succéder, Louis de Laval de Bois-Dauphin, de l'illustre maison de Laval, mais la mort vint frapper celui-ci avant qu'il eût pris possession de son siège.

ROBERT de Lenoncourt. — Robert de Lenoncourt, déjà évêque de Metz, appartenait à une famille illustre de la Lorraine. Il devint archevêque d'Embrun en 1556. *Il jouissait d'une haute considération à la cour*, et, à la recommandation de François 1er, le pape Paul III l'avait décoré de la pourpre en 1538. Il mourut à la Charité-sur-Loire, le 4 février 1561, après s'être démis depuis quelque temps, paraît-il, de tous ses évêchés.

GUILLAUME III. — Guillaume III de St-Marcel-d'Avançon, d'une des plus illustres familles du Dauphiné, naquit en 1535. Il accompagna à Rome, en 1555, son père, envoyé comme ambassadeur par Henri II pour négocier avec le pape Paul IV un projet de ligue en vue de conquérir le royaume de Naples. Il obtint, à cette occasion, la dignité de camérier du pape et fut élevé en 1558 au siège archiépiscopal d'Embrun. Les habitants d'Embrun, pleins de confiance en lui dans ces temps malheureux, le laissèrent avec peine s'éloigner d'eux pour se rendre au colloque de Poissy, en 1561. Lorsqu'il voulut partir pour le concile de Trente, en novembre 1562, les consuls d'Embrun firent tout pour le retenir, mais leurs efforts devaient rester inefficaces et le prélat fit éclater dans ce saint concile, comme il l'avait fait à Poissy et allait le faire plus tard aux Etats généraux du Dauphiné à Grenoble, et aux Etats généraux de France à Blois, son génie et sa piété. Mais, hélas! quand la clôture de cette grande assemblée, le

4 décembre 1563, lui permit de revenir dans son diocèse, il y trouva les esprits divisés, quantité d'églises profanées et d'autels renversés. Il prit part aux affaires de la province et de l'Etat qui intéressaient son diocèse et sut gagner l'estime de ceux même qu'il devait combattre. C'est ainsi que Lesdiguières lui donna une marque de son attachement en engageant Henri IV à solliciter en faveur du prélat la dignité de cardinal. Le pape envoya en effet le chapeau au vieil athlète de la foi, qui mourut à Grenoble en juillet 1600, pendant que le messager du pape était en route pour venir vers lui.

HONORÉ du Laurens. — Honoré du Laurens, dont la piété, la charité et l'éloquence brillèrent d'un si vif éclat, fut le restaurateur du culte et des œuvres dans le diocèse. Depuis l'année 1600, où il remplaça Guillaume de St-Marcel-d'Avançon, jusqu'à 1611, année de sa mort, il travailla avec ardeur à relever la Religion. Ensuite de lettres patentes accordées par le roi en février 1604, il établit à Embrun le fameux collège des Jésuites, et en 1605, il essaya d'établir à Briançon une collégiale qui ne devait être établie que plus tard. En 1610, il fut appelé à la Cour et choisi pour prononcer l'oraison funèbre de Marguerite d'Autriche. Il prêcha une dernière fois devant la Cour le 1er janvier 1611 ; quelques mois après (23 janvier 1612), il succombait à une opération douloureuse.

GUILLAUME IX d'Hugues. — Guillaume IX d'Hugues, religieux cordelier, avait été élu général de son ordre à l'âge de 37 ans. Henri IV l'avait employé aux négociations diplomatiques les plus délicates. Il apparaît comme archevêque d'Embrun en 1612. Dès son arrivée à Embrun, il s'attacha à y relever les ruines morales et matérielles encore existantes. En 1613, il fit sa visite pastorale à Briançon. En 1617, il bénit le mariage de Lesdiguières avec la marquise de Treffort, et en 1622, il reçut à Grenoble l'abjuration de l'illustre converti. En 1628, il rendait solennellement au culte l'église de l'abbaye de Boscodon, violée par les Réformés. Un autre soin du prélat fut de réparer les désastres que l'incendie et le pillage des protestants avaient causés au sanctuaire de Notre-Dame d'Embrun et au palais archiépiscopal ; une inscription de 1639 rappelle l'achèvement des travaux. Il mourut le 27 octobre 1648.

GEORGES d'Aubusson. — Georges d'Aubusson venait de remplacer Guillaume d'Hugues, quand, en 1649, le conseil municipal de Briançon lui fit connaître une décision prise à l'égard du choix des prédicateurs de l'Avent et du Carême. Ce fut de son temps que la Sainte Vierge apparut à Benoîte Rencurel et opéra, au Laus, divers prodiges, parmi lesquels il faut compter la guérison d'une maladie dangereuse obtenue par l'archevêque lui-même, en 1661, lorsqu'il représentait Louis XIV en Espagne. Georges était encore à Madrid en cette qualité, quand, en 1664, il permit aux religieux de la Sainte-Trinité de fonder, à Faucon, une maison de leur ordre. Quatre ans après, il reçut l'évêché de Metz, qu'il gouverna pendant 29 ans.

CHARLES Brulart de Genlis. — Charles Brulart de Genlis, nommé à Embrun en 1668, et sacré en 1669, n'arriva dans cette ville que le 6 novembre 1671 ; mais dès 1670 il prenait part comme archevêque d'Embrun à l'Assemblée générale du Clergé de France. Aux innombrables libéralités que fit l'illustre prélat pour bâtir le séminaire et lui assurer des revenus, il en ajouta d'autres pour soulager la vieillesse des prêtres et pour d'autres œuvres. Enfin, par testament, il légua tous les biens qui lui restaient, par égale portion, à l'Eglise, représentée par le Chapitre, et aux pauvres, représentés par l'hôpital. Il mourut le 3 novembre 1714.

FRANÇOIS-ELIE de Voyer d'Argenson. — François-Elie de Voyer d'Argenson eut le siége d'Embrun en 1715, et le garda jusqu'à 1719, année de son transfert à celui de Bordeaux.

JEAN-FRANÇOIS-GABRIEL de Hénin-Liétard. — Jean-François-Gabriel de Hénin-Liétard, précédemment évêque d'Alais, siégea à Embrun de 1719 à 1724, et mourut à Paris.

PIERRE V Guérin de Tencin. — Pierre V Guérin de Tencin, né à Grenoble en 1680, devint docteur et grand vicaire de Sens en 1705. Il fut nommé à l'archevêché d'Embrun le 6 mai 1724, et sacré le 2 juillet suivant. En 1727, il présida le concile provincial d'Embrun, dans lequel Jean Soanen, évêque de Senez, fut interdit. Il fut fait cardinal en 1739, et devint archevêque de Lyon en 1740. Il mourut le 2 mars 1758.

BERNARDIN-FRANÇOIS Fouquet. — Bernardin-François Fouquet, à peine âgé de 35 ans quand il fut nommé à Embrun, fut sacré le 8 janvier 1741. Dès 1746, il travailla à l'érection d'une collégiale à Briançon, et son ordonnance du 14 septembre de ladite année, pour l'érection de ce corps, fut homologuée par le parlement de Grenoble, le 18 mars 1747. Aussi, en 1746, il favorisait l'établissement à l'hôpital du St-Esprit d'Embrun, des Dames hospitalières de la Charité de Grenoble, établissement confirmé par le roi en 1748. Il se démit de son archevêché le 8 avril 1767 ; mais il légua 3,000 livres à l'hôpital d'Embrun, 1,000 livres aux pauvres, et autant aux Dames hospitalières qu'il avait appelées de Grenoble. Il mourut à Paris, le 20 avril 1785.

PIERRE-LOUIS de Seyssin. — Pierre-Louis de Seyssin, chanoine-comte de St-Pierre et de St-Chef de Vienne, nommé à l'archevêché d'Embrun en 1767, et sacré le 20 juin de la même année, fit son entrée solennelle dans sa ville métropolitaine le 19 septembre 1768. Il précha le discours d'ouverture de l'Assemblée générale du Clergé de France de l'année 1770. On a une lettre de M. d'Ornacieux l'engageant, en 1783, à laisser Paris pour résider à Embrun. La plus grande gloire de ce prélat est sa conduite en face de la Révolution. Au mois de mars 1791, il était supplanté par un intrus. Il excommunia ce dernier, mais dut partir pour l'exil, où il mourut en 1802, pendant que son diocèse, incorporé au dépar-

tement des Hautes-Alpes, devenait comme tout celui-ci une partie du
diocèse de Digne. On sait que ce département forma dès 1823 un diocèse
distinct, mais dont le siège était à Gap et y est resté.

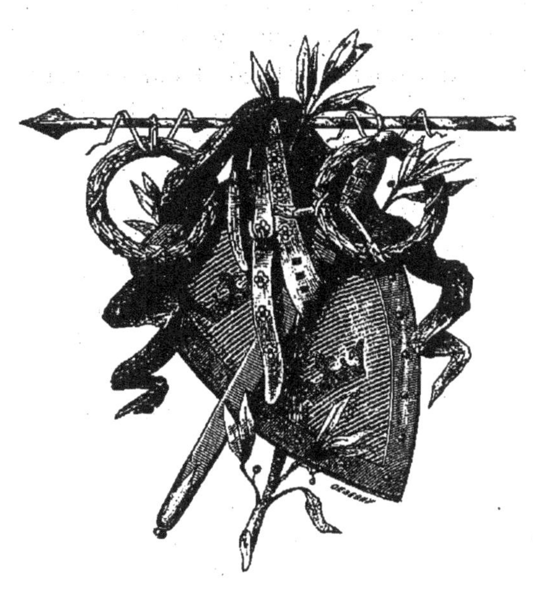

GRENOBLE, IMPRIMERIE VALLIER